D1573831

Das Glück tritt gern in ein Haus,
wo gute Laune herrscht.

japanisch

# Das kleine Buch
# der guten Laune

mit Aquarellen von Ilse Schmid

*ars edition*

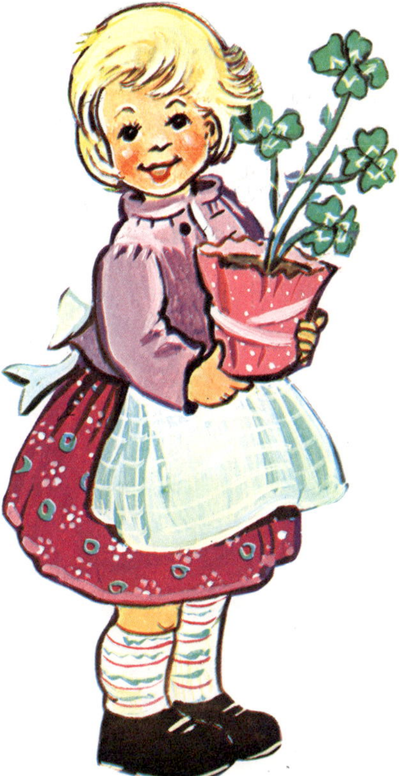

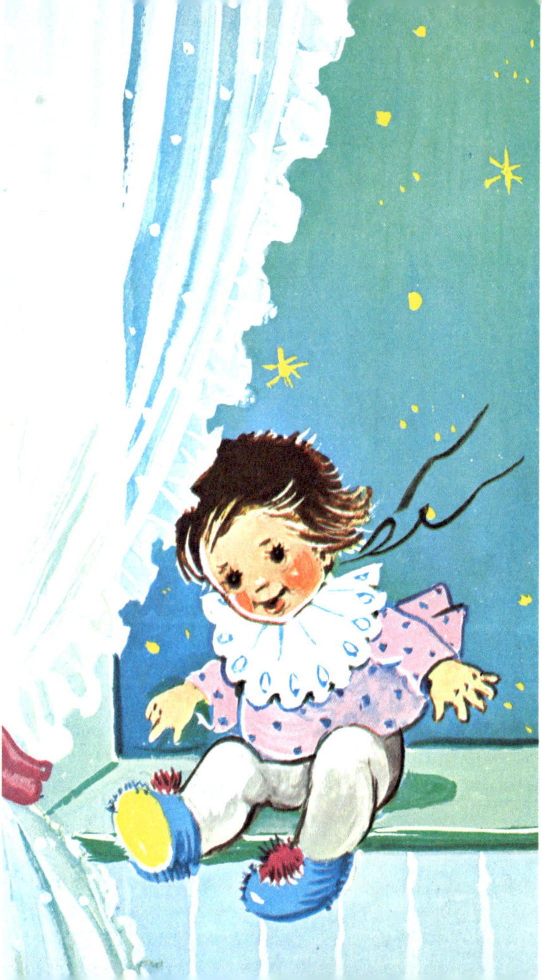

Es ist nichts so klein und wenig,
woran man sich nicht begeistern könnte.

Hölderlin

Über Wetter- und Herren-Launen
runzle niemals die Augenbrauen;
und bei den Grillen der hübschen Frauen
mußt du immer vergnüglich schauen.

          Goethe

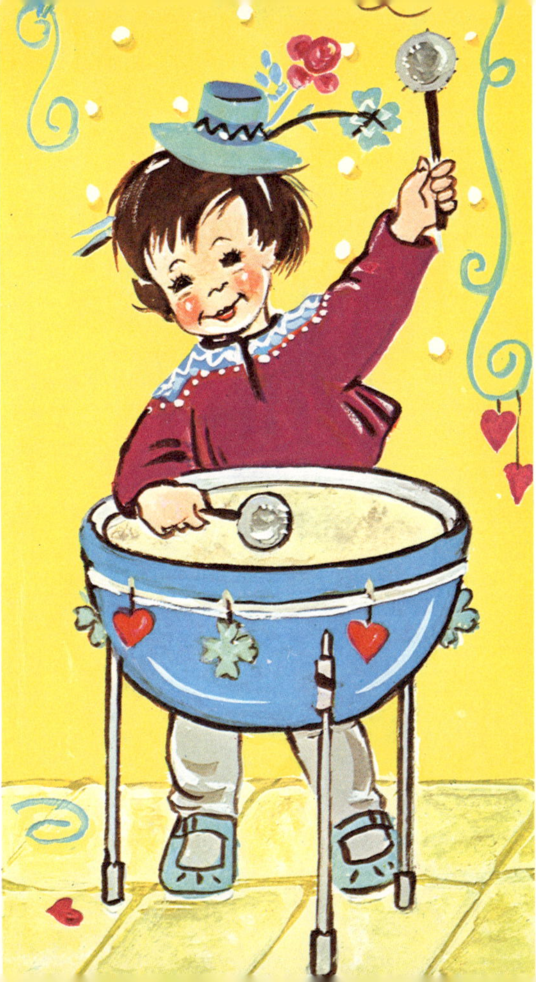

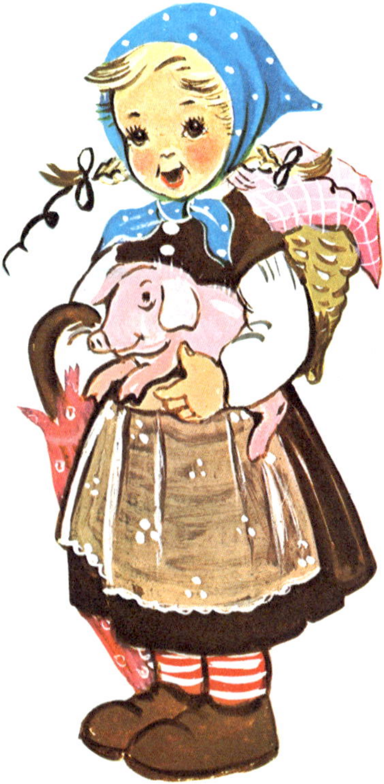

Weißt du, worin der Spaß des Lebens liegt?
Sei lustig!
Geht es nicht, so sei vergnügt.

                                      Goethe

Alleweil kann man nit lustig sein,
alleweil hat man ka' Schneid,
alleweil kann man nit Dirndln lieb'n,
alleweil hat man ka' Freud.

Kärntner Schnaderhüpfl

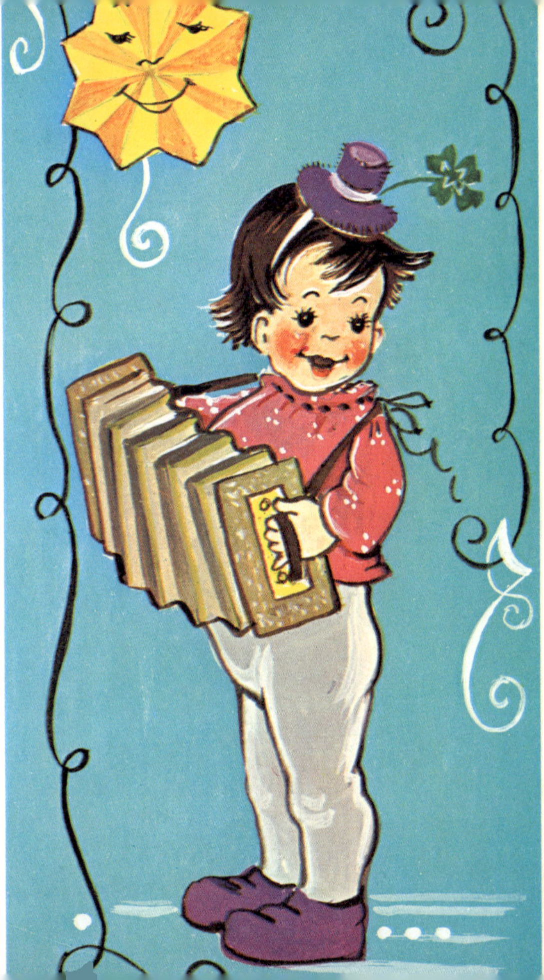

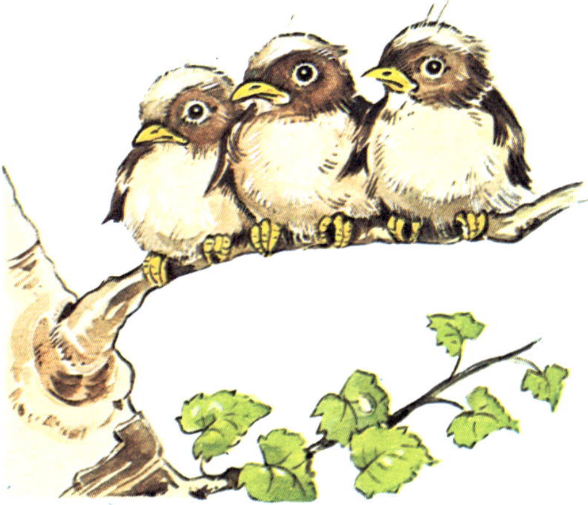

Mensch mit traurigem Gesichte,
sprich nicht nur von Leid und Streit,
selbst in Brehms Naturgeschichte
findet sich Barmherzigkeit.

                                      Wilhelm Busch

Ein Leben bei vergnügtem Mut
ist immer gut,
hat immer Gut.

                          Friedrich von Logau

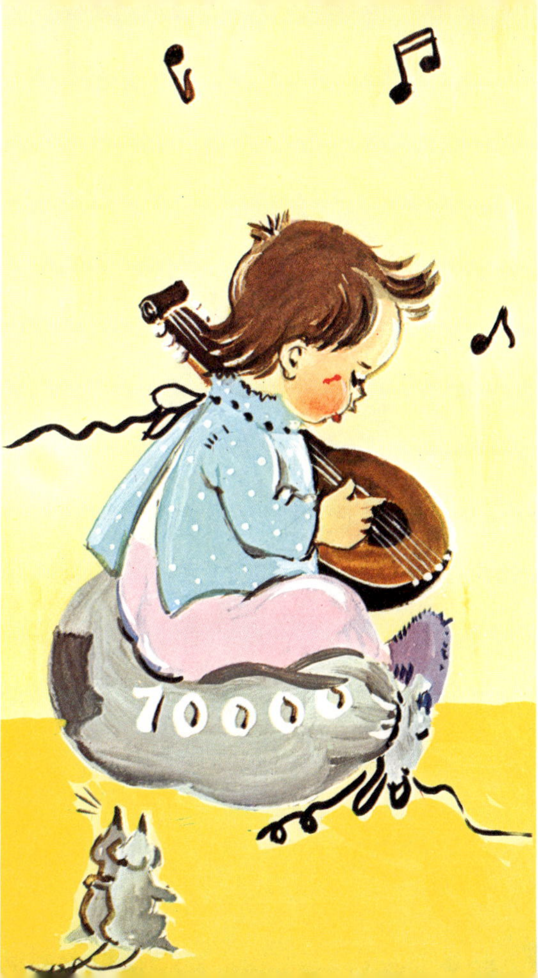
7000

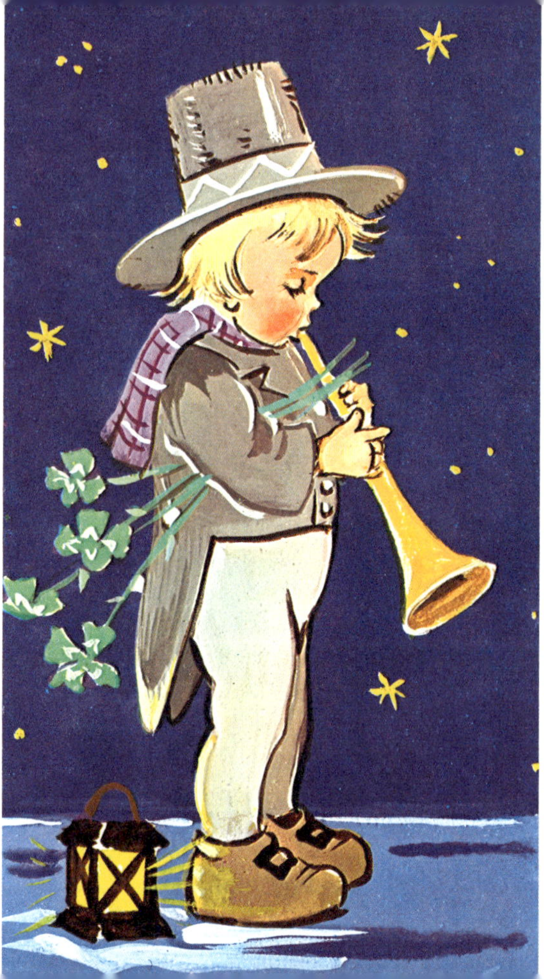

Durch alles hilft dir ein fröhlicher Mut,
zum Ziele führt immer,
was ein Fröhlicher tut.

Sprichwort

Viele verachten die edle Musik,
täglich entsteht darüber ein Krieg.
Aber die solches hier unten nicht ehren,
die sollen auch droben
das Sanktus nicht hören.
Denn wer die Musik sein eigen nicht nennt,
sicher die Freuden des Himmels nicht kennt.

                                        Joh. Kaspar Bachofen

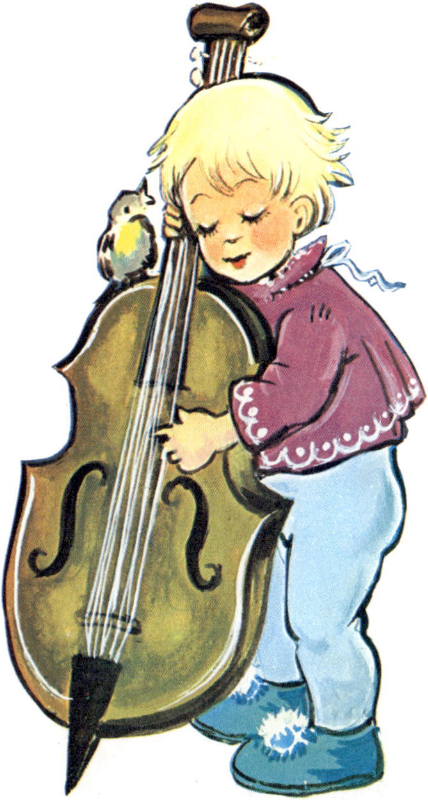

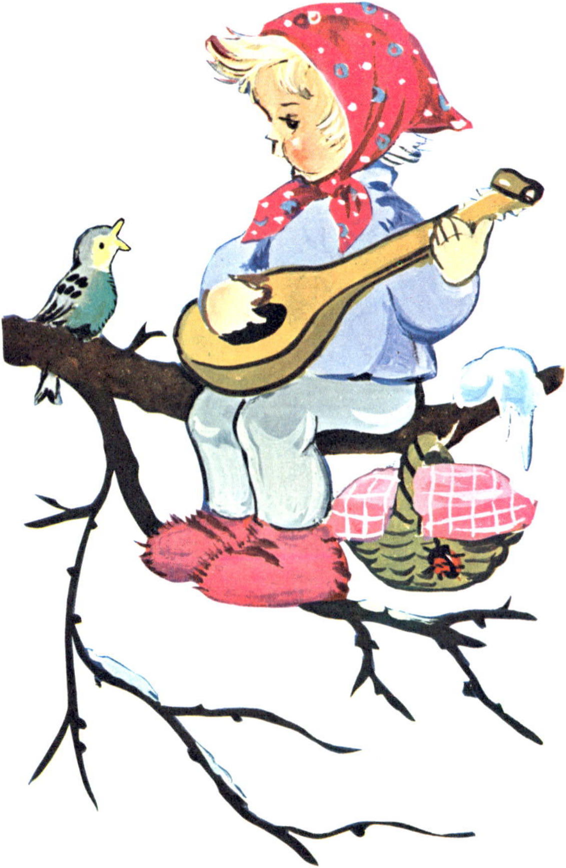

Menschen, wollt ihr glücklich sein,
seid's durch euer Herz!
Alles andere ist nur Schein,
ist wie Schnee im März.

Volksweise

Ein freundlich Wort, ein lieber Blick,
ein froh Gemüt zu Hause
trägt warmen Sonnenschein und Glück
selbst in die kleinste Klause.

Pesendorfer

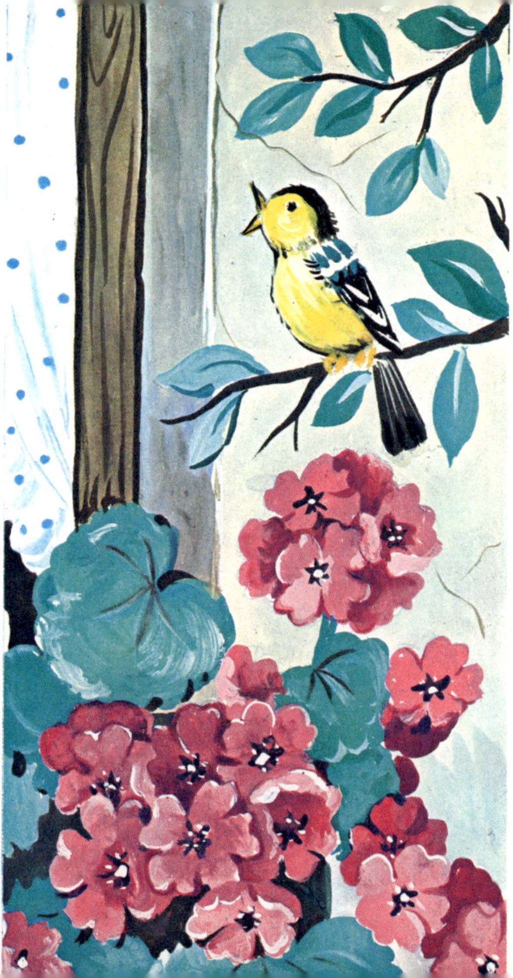

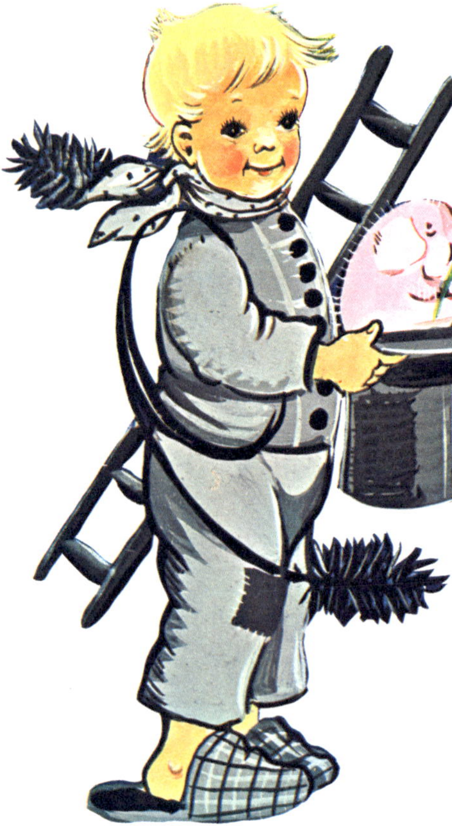

Des Glücks Gewalt
wie Mondsgestalt
sich ändern tut,
drum hab's in Hut.

Reimspruch 16. Jahrhundert

Essen und Trinken
hält Leib und Seele zusammen.

Sprichwort

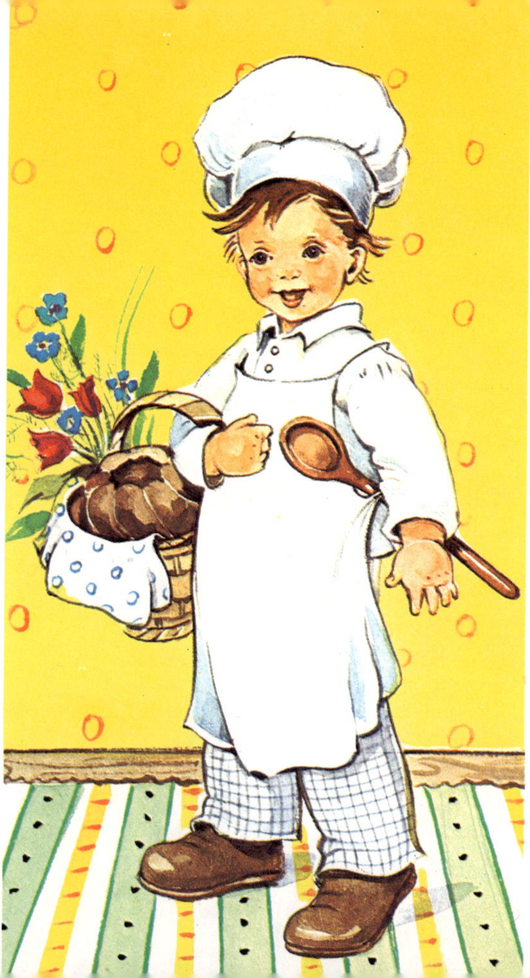

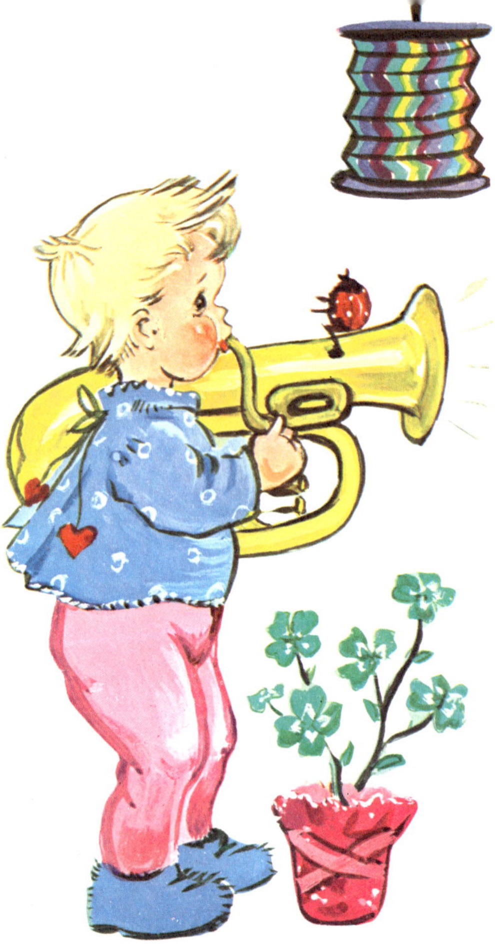

Stunden, wo der Unsinn waltet,
sind so selten. Stört sie nie!
Schöner Unsinn, glaubt mir, Freunde,
er gehört zur Poesie.

*Bardenklänge 1867*

Das eigene Glück allein,
es macht das Glück nicht aus:
Willst du ganz glücklich sein,
trag's aus deinem Haus hinaus
auch in des Nachbars Haus!

Friedrich Rückert

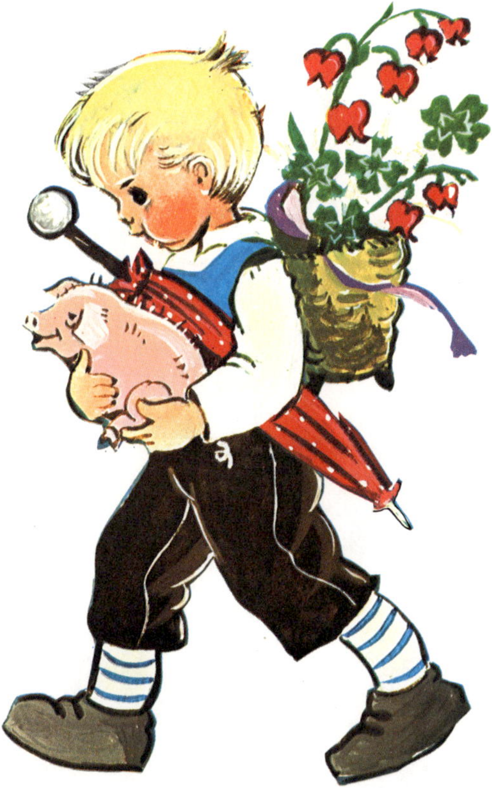

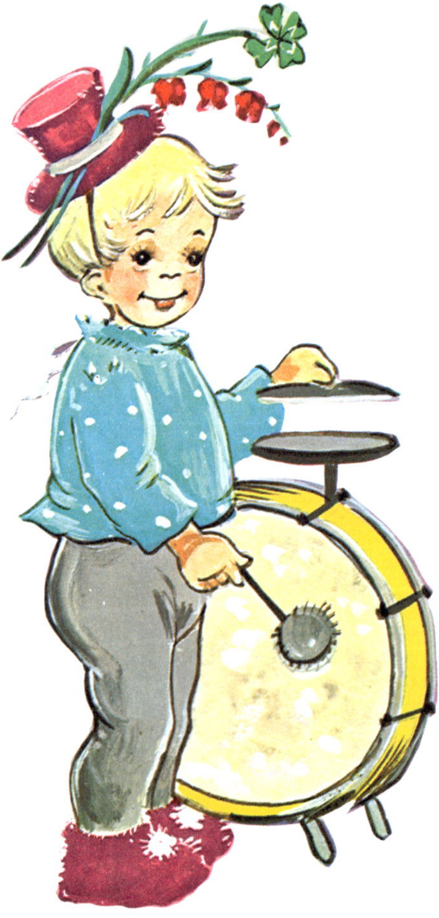

Verzage nicht, mein Herz,
das Ei kann Federn kriegen
und aus der eignen Schal'
empor zum Himmel fliegen.

Friedrich Rückert

Schenken und beschenkt zu werden
ist das größte Glück auf Erden.

Volksweisheit

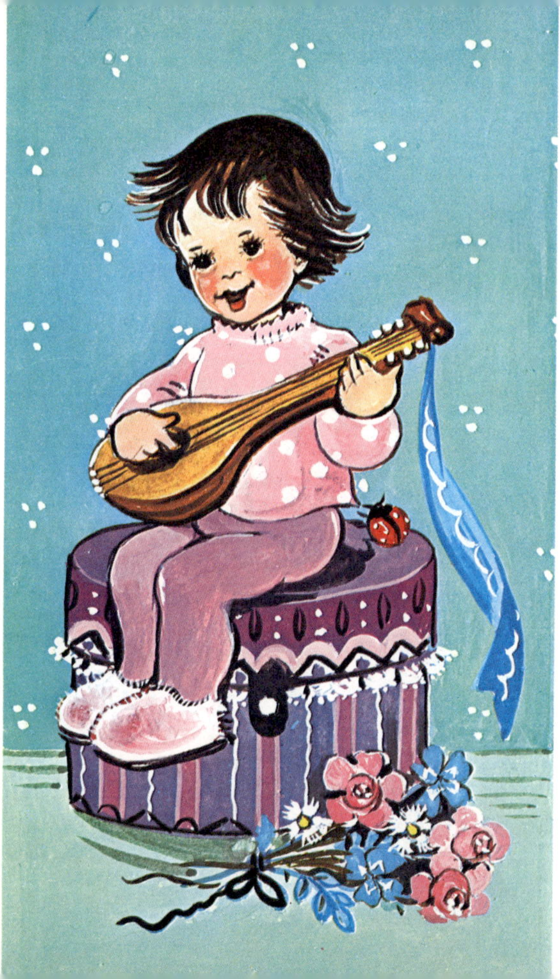

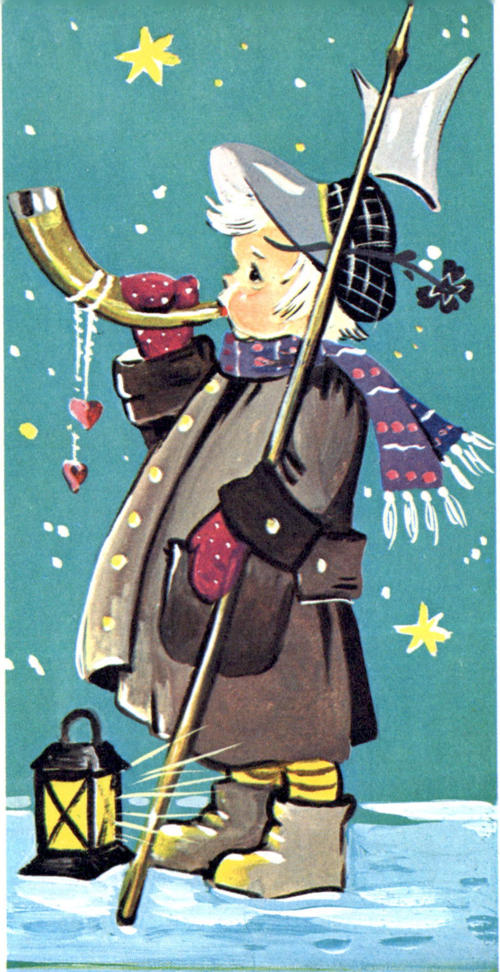

Ist der Tag auch trüb und schwer,
habe du ein Leuchten mehr,
drückt dich etwas nieder,
trag es stark und lächle wieder.

Wikon

Scheint dir auch mal das Leben rauh,
sei still und zage nicht.
Die Zeit, die alte Bügelfrau,
macht alles wieder schlicht.

                                                Wilhelm Busch

© MCMLXXVIII Verlag Ars sacra Josef Müller, München
Alle Rechte vorbehalten
Ausstattung und Herstellung ars edition
Printed in West-Germany · ISBN 3-7607-3314-X